AF509766

GABRIEL MARC

L'AUVERGNE AUX SALONS

DE 1890

CLERMONT-FERRAND

TYPOGRAPHIE ET LITHOGRAPHIE G. MONT-LOUIS

Rue Barbançon, 2

1890

GABRIEL MARC

L'AUVERGNE AUX SALONS

DE 1890

CLERMONT-FERRAND

TYPOGRAPHIE ET LITHOGRAPHIE G. MONT-LOUIS

Rue Barbançou, 2

1890

L'AUVERGNE AUX SALONS

DE 1890

Nous avons eu, cette année, deux Salons officiels, celui
des Champs-Élysées, celui du Champ-de-Mars, les initiés
disent même : le Salon Meissonier et le Salon Bouguereau.
La scission entre les artistes, d'où est née la Société Na-
tionale des Beaux-Arts, en face de la Société des Artistes
français, est-elle bien sérieuse et bien durable ? Quelles en
sont les causes ? Nous ne chercherons pas à approfondir
ces questions de personnes, plutôt que d'écoles. Nous
constaterons simplement que le Salon des Champs-Élysées
a toujours conservé sa vogue, son importance et son attrait,
tandis que son rival, bien qu'il renferme des œuvres de
premier ordre, donne l'impression de galeries oubliées de
l'Exposition universelle, que l'on va revoir, avec plaisir, en
souvenir des impressions ressenties en 1889 ; et, sans
parti-pris, sans préférence aucune, nous nous bornerons à
signaler, ici et là, selon notre habitude, les œuvres d'art
qui intéressent l'Auvergne, soit par leurs sujets, soit par
leurs auteurs.

Commençons par la Sculpture. Aussi bien, un de nos
meilleurs statuaires a-t-il exposé une composition exquise,
d'une modernité attrayante, d'une facture irréprochable.
M. Mombur a déjà exécuté plusieurs œuvres de même
genre, dans lesquelles les scènes et les personnages pris
dans la vie actuelle, sont toujours relevés et transfigurés,

sans cesser d'être vrais, par le style. On se rappelle la paysanne d'Auvergne si noble d'attitude en écossant des pois, et le sauveteur d'un héroïsme antique avec les traits et la pose d'un simple ouvrier rencontré sur un quai de Paris. *Une Idylle* évoque cette heure suave et rapide où l'amour partagé se manifeste, dans la chasteté idéale du premier abandon : Un laboureur au gilet de tricot, le pantalon relevé jusqu'aux genoux, superbe de force et de jeunesse sous ces simples vêtements, enlace, sans la toucher, la taille souple d'une adorable jeune fille et approche en frémissant ses lèvres naïves du bout des doigts de son amie, qu'il effleure à peine. La jeune fille se cambre dans une attitude pudique qui trahit cependant sa joie inconsciente. C'est une union d'âme forcément matérialisée, mais où les sens sont dominés par l'ingénuité du sentiment et l'innocence d'un aveu muet. Ce groupe si pur et si gracieux, par son charme et sa perfection, fait songer au délicieux tableau du Louvre, *Psyché et l'Amour*, du baron Gérard. Espérons que l'État ou la Ville de Paris fera l'acquisition de cette œuvre de premier ordre, et que nous pourrons la revoir bientôt, sous la blancheur immaculée du marbre, dans une des salles d'un palais national.

L'*Hébé*, de M. Coulon, a reparu pour la troisième fois au Salon. Après le plâtre, le marbre. Après le marbre, le bronze. Il ne faut pas se plaindre de ces transformations qui nous valent le plaisir d'admirer, en 1890, la composition qui obtint, en 1886, une médaille de deuxième classe. Mais, pour un sujet aussi voluptueux, le marbre, croyonsnous, convenait mieux. Laissons le bronze au sexe laid, aux faunes et aux satyres. Conservons le marbre pour les femmes, les nymphes et les déesses.

Il faut signaler plusieurs bustes : le portrait de Mme C..., par M. Albert Chancboux; celui de Mme G..., par M. Henri Gourgouillon. Un joli buste de jeune fille est l'œuvre de Mlle Marie Figuiéra, presqu'une enfant, qui cependant n'est pas une débutante au Salon. M. Eucher

Girardin, dont nous avons remarqué, en 1888, la *Brodeuse forézienne,* a exposé aussi des portraits : le médaillon de Mme B... et le buste de Mme P. de L..., tête fine, hautaine, col droit et long, une Diane.

Un très jeune sculpteur, M. Champeil, a débuté cette année. Il a exposé le portrait fort ressemblant de M. Cabanes, sénateur du Cantal. M. Champeil fait preuve d'un vrai talent.

On rencontre rarement au Salon des sculptures sur bois.

La seule œuvre de ce genre que nous ayons vue est due au ciseau d'un de nos compatriotes, né à Clermont-Ferrand, M. Pierre Lavéry. La sculpture sur bois a été très en honneur en Auvergne. Les chaires de nos églises, les stalles et les retables, souvent fouillés avec un art merveilleux, en sont une preuve évidente. Nous ne serions pas étonné d'apprendre que quelqu'artiste inconnu, caché dans un village de nos montagnes, cherche encore à faire naître d'un bloc de chêne des figures naïves de saints, entourées de fleurs et d'arabesques. C'est la loi de l'atavisme. Quoi qu'il en soit, M. Lavéry, sans le secours du moulage ou de la fonte, a fait sortir d'un tronc d'arbre, par la seule puissance de son ciseau, un *Henri III,* bien campé, avec sa toque, sa fraise autour du cou, son pourpoint et ses haut-de-chausses, un Henri III à la figure longue, fine, mais où les voluptés d'une cour dissolue ont laissé leur empreinte de tristesse et d'ennui.

A la Peinture, il faut d'abord féliciter M. Franc Lamy de son grand succès. Sa belle toile, *Rêve d'été,* a obtenu une médaille de deuxième classe. M. Franc Lamy, encore très jeune, est maintenant hors concours. C'est grâce à des efforts persévérants que, depuis le *Conseil de révision* du Salon de 1884, il est arrivé à dégager sa personnalité. La série de femmes nues, dans la pénombre des boudoirs ou la brume des prairies, qu'il a évoquées de son pinceau délicat et subtil, se présente à notre esprit dans leur marche ascendante, à travers les indécisions des premiers pas, vers la beauté idéale et moderne. Ce but si difficile à atteindre, il y est parvenu dans son tableau de l'an passé, *Au fond des bois ;* et, cette année, sur une toile aux vastes proportions, le peintre, nous allions écrire le poète, a donné un libre cours à ses rêves d'artiste. La prairie ponctuée de fleurs épanouies, parsemée d'arbres grêles aux verts feuillages entrelacés qui laissent apercevoir les eaux claires du lac, semble heureuse sous les rayons voilés du soleil. Un essaim de baigneuses, aux formes diaphanes, anime cette idéale solitude. Dans les lointains, les unes se groupent sur les bords, se poursuivent ou tordent leurs chevelures. Les autres, au premier plan, assises ou couchées sur l'herbe, cueillent des fleurs, jouent avec des colombes familières et retiennent les regards par les courbes savantes et les ondulations harmonieuses de leurs corps divins. C'est de l'art pur, éthéré, moderne, qui fait songer à Raphaël Collin, mais qui conserve toujours son originalité, grâce à la mélancolie des teintes et à la rêverie éparse dans l'atmosphère.

Avec M. Alphonse Cornet, nous fuyons loin des chastes naïades, bien qu'il nous mène sur les bords de la Seine, près de Neuilly, en face de ces jolies îles couvertes de saules aux feuillages bleutés. Sur le quai dominant la rivière, défile une noce revenant du bois de Boulogne. Les musiciens, trombone et clarinette, ouvrent la marche. Puis viennent, à la queue leu-leu, les grands parents, la mariée en robe blanche avec les fleurs d'oranger symboliques, les invités grands et petits, militaires et civils. Tout cela fait un ensemble comique comme la vie, vulgaire comme la réalité, mais c'est une bonne page, pleine d'observation et habilement peinte, à ajouter à l'œuvre naturaliste de M. Cornet.

M. Charles Maurin appartient à la même école. Malgré sa manière quelque peu froide et sèche, on ne peut nier son réel talent. Son portrait de femme est un tableau complet : Madame va sortir. Elle se gante. La bonne lui met son manteau. Le chien la regarde et semble dire : Emmène-moi. Cette scène, prise sur le vif, se détache sur un fond de rideaux jaunâtres, d'un goût douteux. C'est l'existence ordinaire, bourgeoise, sans idéal, sans rêves.

M. de Vergèses a rapporté de son long voyage en Égypte d'excellentes études. Il interprète l'Orient avec sa nature et il montre qu'après Marilhat, Fromentin, Berchère, Frère et tant d'autres, on peut encore susciter des impressions nouvelles. Ses paysages du Caire, largement brossés, étonnent et intéressent. Voici un village égyptien, avec ses murs épais et mornes comme des bastions ; puis le quai de Boulak, aux maisons blanches, roses et jaunes, avec ses mâts de vaisseaux, ses plaques d'ombres intenses, ses terrains brûlés sous un ciel de feu. Ce sont des esquisses, si l'on veut, mais d'un puissant effet.

Les paysages de M. Edmond Laussedat ont été plusieurs fois signalés dans ces études. La nature morte qu'il a envoyée cette année, *Chrysanthèmes*, révèle un pinceau exercé. Le vase de fleurs, la table où sont jetées des étoffes soyeuses forment un ensemble bien composé, mais d'une coloration un peu discrète. Cette toile est cependant plus agréable à voir que la nature morte exposée au Champ-de-Mars par Mlle Berthe Art. Cette artiste a groupé, autour du buste de Pascal, une série d'objets rappelant le grand penseur. C'est profond et philosophique peut-être ; mais cela sort du domaine des Beaux-Arts. Nous préférons une naïve évocation du printemps par Mlle Marie Desliens, au moyen d'un énorme bouquet de lilas lilas et de lilas blancs, dont les grappes fraîches s'entremêlent et qui fleurent bon, même en peinture.

L'étude de M. Assézat de Bouteyre, ainsi qu'il intitule modestement son tableau, nous fait pénétrer dans l'intérieur assombri d'une église, dont les détails se perdent dans les ombres du fond, pour mettre en relief la femme du peuple en prières, et la fillette aux cheveux blonds, qui semble trouver la séance un peu longue et regarde d'un air distrait; bonne étude, d'une observation juste, d'une savante exécution.

Voici maintenant quelques portraits. Au Champ-de-Mars, M. Toulot a exposé la tête expressive d'un fumeur dans l'exercice de ses fonctions, solide peinture que nous croyons avoir déjà vue et admirée sous le titre : *Une bonne pipe.* Ce serait un pendant réussi au *Bon bock* de Manet, pour la décoration d'une brasserie artistique.

Mlle Marie Vasselon, bien connue de nos lecteurs, a envoyé aux Champs-Élysées une œuvre composée et peinte avec amour, le portrait de sa mère. Ce sont aussi des portraits, exécutés avec les sentiments de famille unis au talent, que nous a montrés M. Joseph Bernard; le portrait de M. B... et celui de Mlle B... Citons encore trois remarquables pastels : Une Femme du monde, par M. de Vergèses; Mme P. T..., par M. Pierre Tullon et un portrait charmant par Mlle Marguerite Duvivier, née à Aurillac. Quant aux miniatures de M. Dinaumare, elles sont, comme toujours, ravissantes.

M. René Vazeille est décidément un paysagiste. Il comprend la nature et il sait en dégager les impressions douces et mélancoliques. Voyez ce paysage d'hiver, comme dit le livret, ou plutôt d'automne. Sur les dernières colorations de l'horizon assombri, se détachent les grands arbres dépouillés qui bordent l'étang, laissant entrevoir les prairies mornes au crépuscule, dans leur ceinture de bois jaunis et bleuâtres au lointain. L'impression est triste mais très juste. Regardez encore cette entrée de village perdu dans les branches, par un soir d'été. La route est poudreuse. Le soleil se couche derrière les taillis vaguement estompés, rayant de rouge et de feu le ciel embrumé, tandis que silencieusement, à peine dessinés parmi les ombres envahissantes, passent et disparaissent berger et moutons regagnant l'étable ; évocation des impressions de jeunesse et de tous les nostalgiques souvenirs.

Il y a beaucoup moins de poésie dans l'*Entrée du village de Carnetin*, par M. Dupérelle. C'est la nature telle qu'elle est, mais sans ces effets d'atmosphère et de ciel, qui doivent, selon nous, entrer pour une large part dans la préoccupation du paysagiste. L'air impondérable, cette enveloppe subtile des choses, doit être vu et interprété par l'œil particulier du peintre.

Il faut signaler le *Vieux cloître*, bonne aquarelle de M. Emmanuel Brun, qui est coutumier du fait, et les fusains de M. Ducaruge, un des meilleurs élèves d'Harpignies. L'*Intérieur de la forêt de Lente* (Drôme) attire l'attention par la lumière éparse et scintillante sur les feuillages des hêtres et des bouleaux et sur les découpures des grandes fougères qui jonchent le sol. Mais l'*Étang de Feurs*, dans la plaine du Forez, est une rêverie animée, sans le secours de la palette, par la seule science du clair-obscur.

M. Charles Cottet, né au Puy, dont nous parlons pour la première fois, se sert au contraire d'une palette, où tous les vermillons, les ocres, les verts prasins et autres ont été écrasés. Il en tire de grands paysages, comme l'*Orage sur la Meuse* et l'*Anse de Toulinguet* (Finistère), des effets lumineux de soleil et de mer presque aveuglants, mais trop heurtés et d'une audace qui, si le proverbe ne ment pas, le mènera à une rapide fortune artistique.

Les débuts de M. Louis Retru ont été heureux. Il a travaillé avec conscience à l'Ecole des Beaux-Arts. Cette forte préparation se manifeste dans ses premières œuvres, particulièrement dans les deux toiles qu'il a exposées cette année. Il semble, dès aujourd'hui, se rattacher à l'école de la vie réelle et du plein air fondée et illustrée par ces deux précurseurs : François Millet et Jules Breton. L'Homme des champs, la Paysanne, l'Ouvrière, repré-

sentés dans leur milieu, les paysages qui les entourent
tenant une large place dans l'ensemble, tels sont les élé-
ments qui donnent à cette école un caractère original et
moderne. M. Retru tend encore à se personnaliser en
prenant ses sujets dans son pays natal, à Thiers, sur les
bords pittoresques de la Durolle. Sa *Vieille Auvergnate*
est une excellente étude. Son *Forgeron* est un vrai tableau : La boutique sombre, les forges et les marteaux, la
large fenêtre ouverte sur le jardin fleuri, la jolie payse
échangeant avec le jeune ouvrier de tendres aveux, tout
cela exprime la vie observée avec soin, la santé robuste,
le contentement de la journée bien remplie. On songe au
sort privilégié du coutelier thiernois, moitié cultivateur,
moitié ouvrier, travaillant au milieu de sa famille, dans
sa maison, devant son jardin qui domine des horizons su-
perbes, et l'on se demande pourquoi il lui arrive d'envier
le sort des ouvriers des grands centres. Peut-être lui man-
que-t-il seulement d'avoir séjourné quelque temps dans les
usines malsaines ou les logements étroits de Paris, pour
apprécier son bonheur, de même qu'il est utile d'avoir
vécu loin de nos montagnes pour en comprendre toutes
les beautés. Quoi qu'il en soit, devant le Forgeron de
M. Retru, on ne peut s'empêcher de penser au vers des
Géorgiques :

O fortunatos . . . .

Nous avons découvert, à la Gravure, un nom nouveau
à joindre à la liste déjà longue de nos artistes d'Auvergne,
celui de M. Henri Reynaud, né à Bourdon. Ses *Pêcheurs
d'aloses sur la Seille* méritent d'être signalés à l'attention
des connaisseurs. Quant à M. Jean Tinayre, né à Issoire,
il se révèle comme un maître dans ce genre, et c'est avec
justice que le jury a décerné au *Saint Mathieu, évangé-
liste*, d'après Rembrandt, une médaille de 3e classe. Le
frère de ce graveur excellent, M. Louis Tinayre, est un
peintre remarqué. Il avait, au Champ-de-Mars, un grand

tableau officiel, destiné à conserver le souvenir de la distribution des récompenses après l'Exposition universelle. Cette toile représente le défilé des groupes étrangers devant la tribune du Président de la République. Le dessin à la gouache du même artiste, *Conférence de M. Pierre Laffite au collège de France*, doit également être mentionné.

Nos architectes ont aussi figuré avec honneur au Salon. M. Chassaigne, né à Clermont, a exposé le portail d'entrée de l'église de Notre-Dame-du-Port ; M. Cabanié, né à Thiers, trois châssis représentant des parties de la même basilique ; M. Emmanuel Bruy, de Clermont-Ferrand, quatre châssis exécutés en collaboration avec M. Baril et qui ont figuré au concours pour la construction de la mairie du Xe arrondissement. M. Emile Camut, bien qu'il ne soit pas né en Auvergne, étudie depuis plusieurs années nos monuments. Très jeune encore, il a déjà conquis ses deux médailles, qui le mettent hors concours. Ses croquis de voyage, outre l'intérêt architectural, offrent, même aux profanes, l'attrait de charmants paysages. Ils reproduisent : l'église de Thuret, le château de Saint-Saturnin, la porte d'entrée du château d'Effiat.

Ce compte-rendu serait incomplet si nous omettions les œuvres inspirées par nos sites incomparables. Nous ne rappellerons pas de nouveau les maîtres et les disciples qui ont parcouru nos plaines et nos montagnes, et que pendant plus de vingt ans nos études ont signalés. Mais nous énumérerons les paysages nouveaux de peintres célèbres ou de simples débutants.

Jules Breton, le poète des *Jeunes filles à la fontaine*, de la *Glaneuse* et de tant de chefs-d'œuvre, a, cette année encore, reproduit les fonds merveilleux de La Bourboule, qui servent de cadre à ses lavandières si bien campées et d'un coloris si délicat.

Le *Ravin de Gravenoire*, près Châteldon, continue la série de ces paysages romantiques dont nous avons souvent parlé et où M. Bellel met toute la fougue et toute la couleur d'une époque presque disparue.

M. Skrypitzine est un réel progrès avec son *Coin de ferme en Auvergne*. M. Thibaudeau a pris son sujet sur une place d'un de nos villages, où le savetier en plein vent travaille à l'ombre de son grand parapluie. Il faut noter le *Pont Saint-Jean*, à Thiers, peinture très poussée de M. Ribarz, et le *Givre* et la *Neige* (Auvergne) par M. Lebourg, deux toiles au contraire à peine indiquées, d'un impressionnisme inquiétant, où nous avons cependant cru distinguer le clocher de Sainte-Martine et les bords de l'Allier, à Pont-du-Château.

Donnons un souvenir au joli dessin de M. Auguste Palun : *Prairie à La Bourboule ;* aux aquarelles originales de M. Gustave de Maupassant, le frère du célèbre romancier : *Meule de blé dans la Limagne* et *Route de Saint-Bonnet à Châtel-Guyon*, et terminons par la belle page dramatique et puissante où Schenck a réuni toutes ses qualités, toute son observation. Personne, comme lui, n'a exprimé les aspects terribles de nos montagnes pendant l'hiver. A travers les nuées épaisses poussées par le vent, les rafales de neige, il laisse deviner les sommets géants et les rocs déchiquetés. Il sait donner l'impression des altitudes, de l'atmosphère, du soleil invisible en pleine tourmente, par des colorations blanches admirablement graduées, où se mêlent quelques teintes jaune soufre. On se demande si l'on ne doit pas autant admirer le paysage que la scène émouvante du troupeau de moutons perdus dans la tempête, ou mieux, on s'abandonne à une impression purement artistique, devant un ensemble parfait, qui nous transporte dans cette Auvergne si belle, même au cœur de l'hiver.

1er juillet 1890.

(Extrait de la *Revue d'Auvergne.*)

CLERMONT-FERRAND. — IMPRIMERIE MONT-LOUIS, RUE BARBANÇON, 2